L'ENSEIGNEMENT

DE

L'ARCHITECTURE

PAR

JULIEN GUADET

ARCHITECTE DU GOUVERNEMENT, PROFESSEUR A L'ÉCOLE DES BEAUX-ARTS

CONFÉRENCE FAITE A LA SOCIÉTÉ CENTRALE DES ARCHITECTES
Le 24 Mars 1882

LE MARQUIS.
Elle est détestable, parce qu'elle est détestable.

DORANTE.
Après cela, il n'y a plus rien à dire : voilà
son procès fait. Mais enfin, instruis-nous,
et nous dis les défauts qui y sont.

LE MARQUIS.
Que sais-je, moi ? Je ne me suis pas seulement donné la peine de l'écouter.....

(Molière, *La critique de l'École des
Femmes*, sc. VI)

PARIS
LIBRAIRIE GÉNÉRALE DE L'ARCHITECTURE ET DES TRAVAUX PUBLICS

DUCHER ET Cⁱᵉ
ÉDITEURS DE LA SOCIÉTÉ CENTRALE DES ARCHITECTES
51, Rue des Écoles, 51
1882

L'ENSEIGNEMENT

DE

L'ARCHITECTURE

IMPRIMERIE DE C. MARPON ET E. FLAMMARION
RUE RACINE, 26, A PARIS.

L'ENSEIGNEMENT

DE

L'ARCHITECTURE

PAR

JULIEN GUADET

ARCHITECTE DU GOUVERNEMENT, PROFESSEUR A L'ÉCOLE DES BEAUX-ARTS

CONFÉRENCE FAITE A LA SOCIÉTÉ CENTRALE DES ARCHITECTES
Le 24 Mars 1882

LE MARQUIS.
Elle est détestable, parce qu'elle est détestable.

DORANTE.
Après cela, il n'y a plus rien à dire; voilà
son procès fait. Mais enfin, instruis-nous,
et nous dis les défauts qui y sont.

LE MARQUIS.
Que sais-je, moi! Je ne me suis pas seulement donné la peine de l'écouter.....

(Molière, *La critique de l'École des
Femmes*, sc. VI.)

PARIS

LIBRAIRIE GÉNÉRALE DE L'ARCHITECTURE ET DES TRAVAUX PUBLICS

DUCHER ET CIE

ÉDITEURS DE LA SOCIÉTÉ CENTRALE DES ARCHITECTES

51, Rue des Écoles, 51

1882

CONFÉRENCE

FAITE

A LA SOCIÉTÉ CENTRALE DES ARCHITECTES

Le 24 Mars 1882

MESSIEURS,

En venant vous entretenir quelques instants de l'Enseignement de l'Architecture, je dois tout d'abord vous dire dans quelles intentions je prends la parole devant vous. Ce n'est pas de la polémique que j'entends faire : si l'Ecole des Beaux-Arts avait besoin d'être défendue, elle trouverait parmi ses professeurs des avocats plus autorisés; je veux rester fidèle au titre amical de nos conférences, et vous offrir une simple causerie où je vous dirai ce qui est, ce qui a été fait, et aussi ce qui selon moi pourrait se faire encore. C'est encore moins de la critique, car il y a une chose au moins que je tiens à affirmer devant vous, c'est que tous ceux de vos confrères qui se sont dévoués à l'enseignement, et qu'on accuse — je ne sais pourquoi — d'être des immobiles sinon des rétrogrades, sont au contraire des chercheurs ardents de progrès, et méritent d'être jugés avec plus de bienveillance qu'on ne le fait journellement sans assez connaître ni les ressources de l'enseignement ni ses immenses difficultés.

Mais d'autre part, je ne suis le porte-parole de personne, j'ai tenu à ne conférer avec aucun de mes collègues de l'Ecole des Beaux-Arts avant de venir devant vous. Ce sont des idées absolument personnelles que je viens vous soumettre; si elles me sont en tout ou partie communes avec tel ou tel, je l'ignore. Vous me jugerez donc après m'avoir entendu, mais vous ne jugerez que moi.

Il est d'ailleurs bien évident, que sur un pareil sujet, je ne saurais me rencontrer avec les idées de chacun de vous. L'enseignement de l'architecture est une des grandes préoccupations de tous les architectes

qui aiment leur profession, de vous tous, Messieurs. Vous y avez donc
tous pensé souvent, tous vous avez votre idéal, tous vous avez pour
notre postérité artistique des entrailles paternelles, je puis donc heurter
des idées déjà arrêtées et des convictions déjà faites : en ce cas, je vous
demanderai un peu d'indulgente patience. Je l'attends, en toute confiance, de votre courtoisie, et de quelque considération que vous voudrez bien accorder à dix années déjà consacrées à l'enseignement.

I

Vous le savez, Messieurs, le sujet n'est pas sans actualité — il est, à
vrai dire, toujours actuel, — mais surtout depuis qu'un récent discours
ministériel et des discussions animées ont remis sur le tapis des questions qui paraissaient sommeiller. Il semble qu'une loi mystérieuse
règle les périodes de calme et de crises de l'enseignement artistique :
vers 1835, s'inaugurait la hardiesse des théories ; en 1863, nous avons
vu la foudre des coups d'état, mise par la faveur impériale au service
d'ambitions de courtisans et de querelles bien plus personnelles
qu'artistiques, faire long feu et s'éteindre dans le rire ; enfin, en 1881
se sont manifestées des pensées de réforme que je ne me permettrai
pas de juger puisqu'elles n'ont pas été définitivement formulées,
me refusant seulement à croire, comme le donnaient à entendre certains champions compromettants, que leur objectif pût être une école
sans maîtres et sans élèves. Espérons que lorsque cette dernière
agitation sera calmée — et ce sera bientôt je pense, — nous aurons
devant nous au moins un nouveau bail d'une vingtaine d'années.

Mais ne récriminons pas contre ces luttes qui en somme sont vivi-
fiantes. Un fait est certain, qui domine les rivalités et les systèmes :
fait insaisissable peut-être pour l'observateur d'un jour, mais évident
dans sa lente continuité pour qui est à même d'observer d'ensemble
l'évolution de notre École. Ce fait heureux et encourageant, Messieurs,
c'est que l'architecture est bien plus étudiée aujourd'hui que par le
passé.

Que les chemins de fer et les facilités de communication, que les
besoins économiques de la vie nationale actuelle soient les premiers
facteurs de ce progrès, j'y contredis d'autant moins que je m'en réjouis.

Mais il est certain qu'il y a vingt ou trente ans, sans qu'il y eût plus de vie dans les écoles départementales, les élèves qui venaient à Paris étudier leur art étaient infiniment moins nombreux. *De mon temps*, permettez-moi cette locution vieillotte, il existait quatre ateliers d'architecture -- un peu plus de cent élèves. Aujourd'hui, il y en a neuf ou dix, tous nombreux, tous suivis; aujourd'hui, le jeune homme qui veut exercer dans sa ville natale la profession d'architecte avec quelque ambition de sortir du rang, est obligé de justifier d'études, et ce mouvement d'opinion qui commence, ira nécessairement en progressant. Les étrangers nous viennent nombreux et ardents, avides de notre enseignement, même après avoir parcouru déjà le cercle entier des études que peut leur offrir leur pays : pour plusieurs, le *grand prix* est le droit de venir étudier à Paris. J'ai pour ma part dans mon atelier, peut-être un étranger sur quatre ou cinq élèves, des Anglais, des Américains du Nord et du Sud, des Russes, des Grecs, des Roumains, des Belges, des Suisses en grand nombre. En résumé, le nombre des étudiants de l'architecture est en progression rapide et continue.

Un autre aspect de cette évolution, c'est qu'aujourd'hui tous ces élèves fréquentent l'École des Beaux-Arts, et visent en grand nombre à parcourir tous les degrés de son enseignement. Il n'y a pas si longtemps que certains ateliers boudaient l'École ; beaucoup d'élèves alors, et souvent des meilleurs, estimaient suffisant l'enseignement de l'atelier et ne se présentaient même pas aux examens d'admission, ou bien, reçus à l'École, n'y travaillaient qu'accidentellement, prenant et laissant dans ses programmes et ses séries de travaux. J'en puis parler en connaissance de cause, ayant commencé mes études dans l'un de ces ateliers, j'ai pendant trois ans été élève d'Henri Labrouste. Là, j'étais une exception presque unique, un quasi-phénomène, parce que je suivais entièrement l'École, encouragé, je dois le dire, par ce maître éminent — un vrai classique de l'art moderne — qui n'était nullement de la trempe de ces chefs dociles, résignés, suivant un mot fameux, à la nécessité de suivre leurs troupes.

Aujourd'hui l'émulation n'est pas moins vive, l'esprit de corps si précieux dans les ateliers reste aussi entier, mais le champ de bataille est l'École pour tous, ce n'est plus la lutte entre l'École d'un côté et de l'autre les abstentionistes ou intransigeants comme vous voudrez les appeler. Aussi les cours sont-ils très suivis, les concours très nombreux; et tandis qu'à l'époque dont je vous parle, les concours de la première classe notamment étaient presque des rendez-vous de famille, aujourd'hui notre première classe compte plus de cent élèves : le mois passé nous avons eu à juger une exposition de soixante-deux concurrents.

C'est là un fait considérable, et si je me suis un peu étendu sur cet état présent des choses, c'est qu'il est impossible de n'en pas tenir grand compte dans l'examen de toutes les questions qui se rattachent à notre enseignement. C'est donc aujourd'hui, plus que jamais, l'École des Beaux-Arts qui est le grand instrument national de l'enseignement de l'architecture, c'est là qu'il faut le perfectionner sans cesse, le tenir au niveau des besoins sans cesse nouveaux d'une société sans cesse en transformation, c'est là aussi qu'on le critique, là qu'on le juge.

II

Or, depuis deux ou trois mois il n'est guère personne qui n'ait dit son mot sur l'enseignement artistique, et presque toujours, sous une forme ou une autre on s'est rencontré dans un même vœu : élever encore le niveau des études, assurer à l'École des Beaux-Arts les conditions véritables d'un enseignement supérieur, et pour cela, en rendre l'accès plus difficile, restreindre le nombre des élèves, en un mot en faire une École moins ouverte. Je suis aussi de cet avis, mais à une condition que je dirai plus loin : il est certain que le fait seul d'avoir été admis à l'École des Beaux-Arts ne constitue pas assez un titre, et que si nous pouvons être fiers d'élèves comparables à ceux de n'importe quelle école, nous devons regretter par contre que des cancres parfaits aient le droit de se réclamer de notre enseignement. Il est vrai que c'est un peu là le fait de toutes les écoles libres, et que ces conditions qui sont aussi celles de l'École de droit ou de l'École de médecine, ne peuvent pas motiver de critiques bien justes : c'est sur ses bons élèves qu'une école doit être jugée, car c'est par eux qu'elle donne sa mesure. Néanmoins, il y a là un fait regrettable, et qui nous met dans une situation d'infériorité apparente vis-à-vis d'autres écoles où l'admission est plus difficile.

Un inconvénient plus sérieux, parce qu'il a une réelle influence sur la qualité des études, c'est l'émiettement des conseils du professeur. Pour les cours oraux, cela est sans importance : la leçon sera toujours la même, cela va de soi, que les auditeurs soient dix ou cent. Mais ces cours, dont je ne veux d'ailleurs nullement diminuer le mérite, ne sont pas l'essence même de l'École; c'est dans les ateliers que l'élève se forme, que sa vocation se décide, c'est dans les ateliers que l'art se révèle à lui, le prend et le passionne, c'est dans les ateliers que se joue sa carrière future. On pourrait presque dire : l'Ecole des Beaux-Arts, ou les Écoles des Beaux-Arts, ce sont les ateliers, — qu'ils soient d'ailleurs en deçà ou au delà d'une grille — et la preuve en est que, à part le cours de construction qui est au premier chef un enseignement d'architecture, ce serait un changement presque inaperçu si d'aujourd'hui à demain nos cours oraux se trouvaient supprimés ; les occasions ne manqueraient pas dans Paris de suivre des cours de mathématiques, de géométrie descriptive, de perspective : combien d'entre nous n'ont-ils pas étudié ces sciences soit au Conservatoire des Arts-et-Métiers, soit autrefois chez le bon Adhémar, ailleurs encore, ou même tout simplement dans les livres ? Tandis qu'on ne peut supposer l'enseignement des ateliers disparaissant par hypothèse, sans que du coup ce ne soit l'effondrement entier de l'enseignement de l'architecture.

Eh bien, dans ces ateliers dont le rôle est si capital, il faut que le professeur puisse donner à chaque élève un enseignement individuel. Voilà ce que le public ignore absolument de notre enseignement : on suppose le cours, et encore le cours. — Sans doute nous faisons dans nos ateliers une sorte de cours par les causeries que nous aimons à faire surgir en partant d'un exemple pour remonter aux principes et aux grandes considérations d'art, comme fait le professeur de clinique dans ses démonstrations médicales. Mais nos conseils doivent toujours être mis à la portée de qui les reçoit ; et tandis que dans un cours la leçon est impersonnelle et l'enseignement absolu, dans notre atelier il faut que le professeur, sur une étude qui lui sera présentée, puisse dire « c'est très bien » ou « c'est très mal » selon l'auteur, selon que ce qu'il voit témoigne d'un progrès ou d'une défaillance. Il faut que le tempérament de l'élève soit étudié par le professeur, car à l'un, trop défiant de lui-même il faudra des encouragements — voire des flatteries — à l'autre trop présomptueux il faudra des sévérités. Enfin et surtout, il faut que le professeur demande à chacun ce qui est dans sa nature, qu'il discerne et cultive les qualités de l'élève, qu'il développe les dons quand il en rencontre, qu'il arrive à produire des élèves très divers selon les qualités de force ou d'élégance, de sagesse ou d'imagination qui se trouvaient en germes latents dans leur tempérament de nature — ce qui, soit dit en passant, explique comment les artistes les plus personnels ne sont pas toujours les meilleurs maîtres, au moins pour leurs élèves directs, témoin l'exemple si instructif de l'école de Michel-Ange.

Pour obtenir ces résultats, il faut que le maître connaisse ses élèves, comme César, dit-on, connaissait tous les soldats de son armée — ce qui est beaucoup — et le jour où il rencontre dans son atelier des figures sur lesquelles il ne sait plus mettre un nom, ou de ces passants qui se laissent oublier par trop d'intermittence dans la fréquentation de l'atelier, l'institution est faussée, l'enseignement perd en netteté et en décision. Il devient d'ailleurs bien autrement laborieux, et comme dans un nombre trop grand d'élèves il y a forcément des non-valeurs que le professeur ne peut pas cependant abandonner à la stérilité de leur nature et tenir pour nulles et non avenues, il se dépense lui-même à distribuer pour ainsi dire la monnaie du grand enseignement. Certes, nous voudrions tous avoir des élèves moins nombreux et plus choisis, ne diriger que de belles études, ne parler qu'à des élèves d'élite capables de comprendre les beautés les plus hautes de notre art, récolter après avoir semé, et échapper au travail de Sisyphe que nous impose trop souvent la banqueroute de promesses auxquelles nous croyons toujours !

Alors, certainement, l'arbre pourrait porter des fruits plus savoureux, et malgré l'efficacité très réelle de l'enseignement mutuel dans un atelier nombreux et organisé, élèves et maîtres gagneraient à ce que l'École fût débarrassée de non-valeurs qui l'encombrent; et notre art lui-même y gagnerait, car lorsqu'il s'agit d'un art national et de la valeur artistique d'une époque, l'élite seule importe -- n'en déplaise à cette étonnante réunion électorale qui, pour faire choix d'un Jury de peinture avait osé mettre sur son drapeau : « Plus d'aristocratie du talent ! »

III

Oui, mais la question a une autre face, et très digne de considération. Et ici je viens vous dire : qui sommes-nous, Messieurs, sinon un groupe nombreux et nécessaire d'artistes et de praticiens qui tiennent dans leurs mains une des plus magnifiques branches de la fortune nationale; sinon, dans notre collectivité, les mandataires licites de notre pays, délégués à la création, à la conservation et à l'administration du patrimoine qui compte le plus, après la terre même, dans la richesse immobilière de la patrie? Permettez-moi un peu de statistique, je n'en abuserai pas.

Le grand ouvrage de M. Block, *Statistique de la France*, évaluait pour l'année 1871 le mouvement général des affaires relatives à l'industrie du bâtiment et ses accessoires au chiffre de un milliard six cent quatre-vingts millions. La plupart des économistes, dans des appréciations nécessairement hypothétiques, assignent à la propriété immobilière en France, sol et constructions, une valeur approximative de cent milliards. Pour Paris seulement nous savons qu'il existe environ soixante mille maisons, et si nous leur attribuons seulement une moyenne de quarante mille francs, ce sont deux milliards et demi, que représenterait la valeur seule de nos maisons, sans parler de la valeur incalculable de nos monuments. — Ces considérations vous paraissent peut-être bien étrangères à mon sujet, j'y reviens.

Pour créer et entretenir un pareil patrimoine, qui, je le répète, est entre les mains des architectes, il faut bien que nous soyons nombreux, très nombreux, et capables. Cette magnifique branche de la fortune nationale aura des alternatives de progrès et de décadence selon ce que nous vaudrons nous-mêmes, et à notre tour, nous vaudrons selon notre instruction : cela me parait aussi clair qu'un théorème. Or donc s'il y a les neuf dixièmes peut-être, peut-être plus, de ceux qui prennent la qualité d'architectes, qui n'aient jamais appris même les éléments de cette difficile profession, qui n'aient d'autres titres à l'exercer que la patente qu'ils paient; et si, négligeant ceux qui ne sont ignorants de leur métier que par impudence et par choix, nous constatons nous-mêmes que beaucoup ignorent faute d'avoir pu apprendre, faute d'écoles, faute d'enseignement; qui donc osera dire, Messieurs, qu'il n'y ait pas là un vrai malheur public et une nécessité impérieuse d'aviser? Qui osera dire qu'il n'est pas bon, qu'il n'est pas nécessaire, que quiconque prétend prendre en main la fortune de ses concitoyens ait au moins passé par une école, ait au moins appris l'indispensable, ait au moins acquis ces notions premières seules capables de lui révéler tout d'abord ce que sa profession exige de compétence et de dignité?

Or, faisons un calcul bien simple et bien concluant. J'ouvre l'*Annuaire du bâtiment*, et pour Paris seul, je trouve deux mille quatre cents noms d'architectes. Supposons un instant que tous aient passé par une école, nous pouvons bien admettre que le temps moyen de l'exercice de la profession après la sortie de l'école n'excédera pas quinze années; cette moyenne serait plutôt longue avec tant de causes de réduction, la mort, la maladie, l'abandon de la carrière, quelquefois même — cela s'est vu parait-il — la fortune faite; et dès lors, il faudrait, toujours pour Paris seul, que l'École eût admis chaque année 160 élèves. Si au contingent de Paris vous ajoutez celui des départements, celui de l'étranger, vous voyez à quelle foule véritable il faudrait que notre École des Beaux-Arts pût ouvrir ses portes, et combien, à ce point de vue, porte à faux le reproche qu'on lui fait d'admettre trop d'élèves. Seule, notre École enseigne l'architecture, et pour suffire au recrutement du personnel architectural de la France il faudrait pouvoir décupler nos admissions, voilà la situation

Je sais bien qu'on peut s'instruire en architecture sans avoir fréquenté l'École, et je ne veux pas faire le procès de ceux d'entre nous qui ont su se former en dehors de l'enseignement scolaire, je les admire au contraire. Mais quelle énergie et quel bonheur ne leur a-t-il pas fallu pour sortir instruits de cet apprentissage sans méthode, qui sera quelquefois une exception heureuse, le plus souvent une pernicieuse illusion ! Aujourd'hui que pour toutes les facultés de l'intelligence les écoles sont réputées l'instrument par excellence du progrès national, même du salut public, l'architecture fera-t-elle exception, et laissera-t-elle neuf fois sur dix l'instruction de ses étudiants au hasard de l'échange de deux ignorances ? Non certes, et le prodigieux architecte de Jérôme Paturot ne doit plus être que le vestige d'une race disparue !

J'estime donc que si d'un côté il est désirable qu'à l'École des Beaux-Arts l'instruction gagne en profondeur ce qu'elle perdrait en surface — autrement dit en nombre d'élèves, — d'autre part, il est d'intérêt public que l'enseignement de l'architecture soit donné à des élèves dix fois plus nombreux. Cela est-il conciliable ? je le crois, et c'est même seulement parce que je le crois que je suis aujourd'hui devant vous.

IV

Éliminons d'abord un obstacle dont la persistance finit par devenir agaçante. Toutes les fois que notre art est en jeu, qu'il s'agisse des expositions ou d'une organisation d'école, le public, la critique et les autorités compétentes elles-mêmes voient la peinture, rien que la peinture ; on organise pour la peinture, on combine pour la peinture, on critique ou on applaudit pour la peinture — un peu pour la sculpture — puis l'architecture se tasse comme elle peut dans une symétrie admirablement pondérée, disons plutôt dans les bagages. Il en advient ce qu'il peut, ce sera toujours assez bon pour ce hors-d'œuvre, cet appoint par-dessus le marché.

Nous méritons mieux, n'est-ce pas ? Laissons donc là toute préoccupation d'analogie d'enseignement, et passons.

Selon moi, ce qu'il faut au début de nos études, et ce qui suffira au plus grand nombre des aspirants à l'architecture, c'est la constitution d'écoles professionnelles. Que, à Paris, ce puisse être là une annexe et comme une troisième classe de l'École des Beaux-Arts, c'est possible, et ce n'est ici, après tout, qu'une question de local. Mais j'en voudrais ailleurs aussi, dans les grands centres des départements, qui retiendraient les jeunes gens de la région pour les études élémentaires et ne rendraient nécessaire le séjour de Paris qu'à ceux qui se sentiraient l'ambition d'aborder les études plus hautes d'une école supérieure. Il existe bien des écoles départementales, notamment à Lyon, à Dijon, à Toulouse et dans diverses villes du Nord, où elles sont excellentes; mais, en général, ce sont de petites écoles des beaux-arts qui embrassent trop pour bien étreindre. Pour moi, j'ai toujours été frappé de la solidité d'instruction acquise sur des programmes modestes, mais sérieux, par les bons élèves des écoles d'arts et métiers d'Angers, d'Aix ou de Châlons, et je serais heureux que l'enseignement supérieur de l'architecture pût recruter ses élèves dans des pépinières aussi précieuses. Aussi, n'était l'inconvénient d'un titre trop long, j'appellerais volontiers les écoles que je rêve : *Écoles des arts et métiers de l'industrie du bâtiment.*

Dans ces écoles, on apprendrait l'art, ou plus exactement la science de bâtir. On y devrait étudier à fond les sciences diverses qui sont indispensables à l'architecte, qui deviennent plus tard l'instrument de ses études; et quand je dis *à fond*, je ne veux pas dire *jusqu'au bout*; j'entends seulement qu'on devrait posséder pleinement les matières du programme. Là, on devrait apprendre les mathématiques élémentaires, la géométrie descriptive, les levés de plans et nivellements, la stéréotomie, la perspective; je voudrais même qu'on y devînt un peu appareilleur, charpentier, menuisier, non par le maniement de l'outil, mais par l'étude sérieuse et pratique des tracés, de *l'art du trait* de nos pères, et par l'exécution de modèles. On apprendrait les grandes règles du métré et de l'évaluation dans ce qu'elles ont d'applicable partout en dehors des usages locaux, et les principes des lois et coutumes du bâtiment, dont votre *Manuel* serait assurément le livre classique par excellence.

En même temps, ces écoles devraient donner à leurs élèves l'enseignement du dessin d'après la bosse et du dessin d'architecture, du lavis, et aussi du modelage en terre de la sculpture décorative. Enfin, on y étudierait l'architecture dans ses éléments et ses productions, l'architecture analytique, si je puis employer ce mot. J'entends par là que les élèves seraient instruits de ce qui est, mais pas encore invités à composer. On leur montrerait ce qu'est un mur, une porte, une croisée, une arcade, une colonne, un plafond, une voûte, un escalier, etc.; comment ces éléments constants de la composition ont été traités de tant de façons diverses; on chercherait à leur faire, aussi complète que possible, la connaissance du patrimoine acquis de notre art. On leur exposerait enfin le plus remarquables solutions trouvées pour les besoins des divers genres d'édifices, publics ou privés. Tout cela serait, en quelque sorte, la constatation scientifique des réalités de l'architecture, l'initiation de l'élève au pourquoi et au comment de ce que notre art a su produire d'utile et de beau.

Tel pourrait être, dans ses grands traits, le programme de ces écoles, à la fois préparatoires pour ceux qui auraient l'ambition des hautes études artistiques, et suffisantes pour assurer à l'exercice quotidien de votre profession le recrutement d'un personnel honorable et instruit.

Dans ces écoles, d'ailleurs, l'enseignement, plus scientifique qu'esthétique, n'exigerait pas, comme à l'École des Beaux-Arts, des professeurs nombreux d'architecture, ayant chacun leur tendance et leur idéal. Mais ce que je considérerais comme essentiel, c'est que les élèves fussent partout et toujours conseillés dans leurs travaux, qu'il s'agit de dessin, d'architecture ou de sciences. Longtemps, l'enseignement s'est borné au rouage commode du cours oral, qui n'est guère que le livre parlé; or, répétons-le sans cesse, le véritable enseignement, c'est l'enseignement direct, c'est le laboratoire ou l'atelier.

Si ces écoles existaient, n'est-il pas évident que la sélection des élèves dignes de l'École des Beaux-Arts se ferait toute seule, et que l'École des Beaux-Arts deviendrait bien réellement l'école supérieure des études d'architecture? L'examen de sortie des écoles professionnelles serait la condition de l'entrée à la grande école, et il est bien évident qu'alors il n'y viendrait que des élèves persévérants, déjà instruits, décidés à aller plus avant dans la voie des études, et à joindre, aux qualités du praticien déjà acquises, les mérites nouveaux de l'artiste. Je ne crois pas, d'ailleurs, que le temps total des études dût ainsi devenir plus long.

Ce que je propose n'est, après tout, qu'un rangement, une mise en ordre de travaux en tous cas nécessaires. A l'École des Beaux-Arts, déblayée de non-valeurs, les progrès seraient plus rapides, car on aurait des élèves mieux préparés, et les programmes seraient allégés, car ce n'est vraiment pas à l'École des Beaux-Arts que devraient s'apprendre des sciences absolument préalables, comme la géométrie descriptive, par exemple.

Un rangement, ai-je dit; j'aurais dû dire la logique. L'un de nos maîtres, qui aimait à condenser des idées larges dans la forme concise d'une sentence, Constant Dufeux, présentait ainsi les phases de l'étude et de la composition : « Sentir, connaître et choisir. » Ne pensez-vous pas comme moi, Messieurs, que « connaître » doive venir en tête et frayer le chemin?

Cette marche des études, qui me paraît en tous cas nécessaire, je l'ai supposée avec une largeur d'organisation qui est mon droit à l'utopie. Mais j'aime à voir la condition possible des choses, et lorsque de divers côtés on exprime ce vœu que l'École des Beaux-Arts devienne d'un accès plus difficile et, par conséquent, plus honorable, j'ai pensé qu'il ne suffisait pas de s'en tenir à cette formule générale et facile d'un *desideratum* platonique, et qu'il fallait envisager en hommes pratiques les conséquences de ce vœu légitime. Vous cherchez un résultat, c'est bien; mais ce résultat, vous ne l'obtiendrez pas sans moyens; quels seront donc ces moyens? C'était la question première à examiner. Moi aussi, j'ai donc cherché ces moyens, et je vous en offre un; il est vrai qu'il soulève de grosses questions, qu'il n'est pas d'une exécution réalisable du jour au lendemain; mais si pourtant c'était plus qu'un moyen, si c'était une condition?

V

En attendant, Messieurs, l'École des Beaux-Arts est et restera le foyer unique des études d'architecture. Voyons donc, en l'état des choses, ce qu'il peut y avoir de fondé dans les critiques, en tous cas beaucoup trop passionnées, dont elle est l'objet.

Peut-on sérieusement lui reprocher d'être trop large pour les admissions? Je crois vous avoir montré que non, et d'ailleurs, pour maintenir le niveau des études dans une école, ce n'est pas sur la difficulté de l'admission que je compterais. L'aspirant qui se présente à nous peut être novice, mais bien doué, et nous avons intérêt à l'accepter; ou un récidiviste de l'admission, un aspirant de cinquième année -- il y en a -- qui aura un peu plus d'acquis, mais qui ne fera jamais qu'une triste recrue. Il y a des débuts pénibles : j'ai entendu raconter par M. Jouffroy que l'un de ses meilleurs élèves, mon camarade Deschamps, montrait, au début, si peu de dispositions qu'à plusieurs reprises, il fut tenté de le dissuader de ses études. Or, un jour vint où Deschamps se révéla; bientôt, il eut le grand prix avec un très grand succès, et la première figure q''il fit à Rome, — œuvre malheureusement posthume lorsqu'elle fut exposée, — balançait la médaille d'honneur au Salon. Au besoin, nous pourrions tous citer des exemples analogues. Appelons donc à nous tous les jeunes gens de bonne volonté, et soyons plutôt sévères après.

Je regrette, pour ma part, que l'administration de l'École ait laissé tomber en désuétude la disposition du règlement qui entraîne la radiation de tout élève n'ayant pas satisfait, dans l'année, à un minimum d'épreuves. Mais je voudrais plus : au Conservatoire de musique, l'élève admis dans une classe a un délai de trois ans, je crois, peu importe d'ailleurs la durée, pour obtenir un accessit ; à partir de l'accessit, un nouveau délai pour le second prix, de même enfin pour le premier prix. A l'École centrale, il existe des examens de passage d'une classe à l'autre, et l'insuccès persistant dans ces examens est une cause d'élimination. Cette règle me paraît excellente ; pourvu que les délais fussent assez larges pour faire la part des natures lentes et aussi de la malechance qui sera toujours un élément à considérer, je crois qu'une disposition semblable pourrait très utilement s'appliquer chez nous, notamment pour le passage en première classe. Cette élimination des non-valeurs serait à mon avis plus logique et plus efficace que la sévérité pour l'admission, suivie du laissez-aller et de la somnolence tolérée.

Il y a aussi la fameuse question des ateliers ; je pourrais me récuser sur ce sujet, mais j'aurai le courage de mon opinion.

L'atelier, qu'il soit dans l'École ou au dehors, est, je l'ai dit, l'instrument par excellence de l'enseignement artistique. De tout temps, la vraie école a été l'atelier ; c'est l'atelier qui, à travers la langue de l'histoire, devient l'école générique d'une époque, lorsque à sa tête, se trouve un David, par exemple. Et remarquez, Messieurs, que, tandis que l'atelier a été de tout temps la méthode unique de l'enseignement des arts, l'enseignement supérieur des autres facultés de l'esprit humain, comprenant l'insuffisance de l'antique cours oral, a fini par nous emprunter cette méthode. Qu'est-ce, en effet, que le laboratoire, — j'entends le laboratoire d'enseignement, — pour les sciences, ou que la salle des conférences pour les lettres, ou que la clinique et l'école pratique pour la médecine, sinon l'analogue de nos ateliers, la mise en communication directe, intime, et bientôt l'affection du maître et de l'élève, du maître connaissant l'élève, de l'élève pouvant s'ouvrir au maître ?

Eh bien, je voudrais dans notre école des ateliers plus nombreux, beaucoup plus nombreux. Je voudrais pour nos jeunes architectes un atelier de dessin et de modelage, où ils recevraient les conseils d'un peintre et d'un sculpteur ; et c'est ainsi que j'entends, — à charge de réciprocité, — l'étude simultanée des trois arts dont l'idée a été accueillie avec sympathie. Je voudrais aussi pour eux un atelier temporaire, ouvert à tous, où les exercices de géométrie descriptive, de stéréotomie, de perspective, de construction enfin se feraient avec les conseils des professeurs respectifs ou, s'il le fallait, de délégués spéciaux. Pour tout cela, ils ont des cours, tous excellents, mais le cours ne donne pas le conseil, l'encouragement, la démonstration patiente et dévouée, la familiarité bienveillante et persuasive de l'atelier.

Pour l'architecture, enfin, il nous faut des ateliers nombreux et variés, avec des personnalités tranchées entre les professeurs ; car, si l'École, dans son ensemble, doit être éclectique et n'avoir pas de religion d'État, le maître, dans son atelier, ne représente que lui-même et ses idées personnelles : il y sera ce que sa nature et ses études l'auront fait, il y sera Ingres ou Delacroix ; et c'est là un grand bien, pourvu que l'élève puisse choisir entre les tendances diverses que personnifieront les maîtres. Heureusement, les ateliers sont nombreux aujourd'hui, chacun avec ses traditions, ses principes et même ses préjugés.

Mais je voudrais qu'on fît cesser une inégalité que rien ne motive, et que ces ateliers fussent tous dans l'École.

Je dis *dans l'École*, et non, comme quelques-uns, *hors de l'École*. Je m'explique : en 1863, on pouvait ne pas créer d'ateliers dans l'École, et, à cette époque, on a craint — moi tout le premier — que les élèves ne fussent bientôt forcés de quitter les maîtres qu'ils aimaient et de restreindre leur choix entre trois seuls professeurs : c'eût été déplorable, et je crois encore que tel était bien le but secret des inspirateurs du décret de 1863. Heureusement, grâce à la résistance des élèves d'alors, qui réussit à empêcher cette confiscation préméditée de l'enseignement, et grâce à la vaillance, que je proclame hautement, de maîtres dévoués et éminents, il n'en a rien été ; si bien même qu'aujourd'hui les ateliers extérieurs, comme on dit, sont plus nombreux que ceux de l'École.

Mais une fois conjurées les menaces que pouvait contenir la pensée perfide qui avait présidé à la création d'ateliers dans l'École, il convient de les juger, non d'après les intentions suspectes de leurs créateurs, mais d'après les résultats d'une pratique de vingt ans, ramenée par la sagesse de tous au seul intérêt des études. Or, leurs avantages sont très réels : la gratuité, soit pour le professeur, soit pour les élèves, d'un local bien installé, la gratuité de l'enseignement, la proximité immédiate des cours et des collections de l'École évitant les pertes de temps, plus de garanties pour les familles, les relations de camaraderie rayonnant en dehors du cercle restreint de l'atelier et créant, à la longue, cet esprit de corps de notre École entière, que tous nous avons si vivement désiré ; mieux encore, moyennant quelques dispositions assez faciles, dont la recherche est à l'ordre du jour, la vie en commun et la fraternité d'études pouvant s'étendre jusqu'aux élèves des diverses sections, peinture, sculpture, architecture, et nous délivrer de la sécheresse des spécialités trop étroites, ce qui serait un résultat capital ; enfin, l'école vivante, animée, groupée en faisceau.

Les élèves des ateliers de l'École ont eux-mêmes développé une partie de ces idées, avec beaucoup de justesse, dans un mémoire adressé aux Chambres, lorsque leurs ateliers paraissaient menacés ; à leurs réclamations, aussi légitimes que modérées, surtout quand ils parlent des engagements tacites contractés envers eux, il n'y a rien à objecter.

Défendons-nous d'ailleurs des immobilités d'émigrés : on ne revient pas à vingt ans en arrière, quel que soit le charme des souvenirs de jeunesse, et l'existence d'ateliers dans l'École a eu surtout un résultat incontestable : nos études se sont démocratisées. Des recrues, je ne dirai pas d'une nouvelle couche sociale, mais appartenant à de plus modestes familles et plus dépourvues du nerf de la guerre, trouvant accessibles nos études, en ont revendiqué leur part ; et, quant à moi, je pourrais citer au premier rang de mes élèves, appelés à un bel avenir, des jeunes gens à qui, il y a vingt ans, on n'aurait pas songé à faire étudier l'architecture.

C'est là un courant démocratique qui ne se remonte pas.

Quant à ce qu'on a semblé dire, que nous enseignons autrement dans ces ateliers que nous ne le ferions dans un local privé, vous pensez bien que je ne vais pas discuter cela.

D'un autre côté, plus on va, plus il devient difficile de trouver des locaux au dehors, et, pour être purement matérielle, cette considération n'est pas moins sérieuse. Vous savez le prix des loyers, — et vous savez aussi qu'un atelier de jeunes gens n'est pas une location très recherchée des propriétaires. Cependant, il faudrait que ces ateliers fussent dans le voisinage de l'École, et c'était là qu'autrefois on les trouvait ; aujourd'hui, ces quartiers sont devenus bien trop chers ; puis un professeur ne peut pas engager l'avenir, et dernièrement l'un des meilleurs et des plus dévoués, qui enseignait dans un local modeste, s'est vu mettre en demeure par le propriétaire de doubler le chiffre de sa location et de souscrire un bail de vingt ans. Il a dû chercher ailleurs, et, ne trouvant pas, il a dû finalement renoncer à l'enseignement. Je sais qu'à plusieurs, l'enseignement, tout compte fait, a coûté de l'argent. N'est-ce pas honteux ?

Il me semble quant à moi que cette question des ateliers dont on a fait tant de bruit se résoudrait bien simplement si une administration vraiment libérale venait dire à ces maîtres : « Vous avez montré la vitalité de votre enseignement, vous êtes un fait et un droit, faites-nous l'honneur de venir enseigner dans l'École ! »

Et des locaux, dira-t-on? Question de bâtiments, cela n'est pas fait pour nous effrayer, n'est-ce pas? Et puis enfin, s'il le faut — je lâche le grand mot — qu'on restreigne les collections!

Ah! les collections, Messieurs, la richesse des collections, quelle tache d'huile! Certes, il nous faut des modèles, mais bornons-nous donc, nous, École, aux modèles scolaires, aux chefs-d'œuvre, et rappelons-nous que le Louvre est à deux pas. Il semble que toute collection soit condamnée dès sa naissance à dériver et à échouer dans l'archéologie. Certes, il y a une archéologie féconde et nécessaire, c'est la connaissance même du patrimoine de l'art; mais il y a par contre l'archéologie desséchante des nomenclatures et des classifications, l'archéologie qui fait qu'on nous demande de quelle époque est l'édifice que nous construisons en l'an de grâce 1882, et qui s'impose assez pour que nous devions compter avec cette étrange question; l'archéologie qui ne permettrait aujourd'hui ni à Raphaël l'École d'Athènes, ni à Paul Véronèse les Noces de Cana; l'archéologie stérile et inconsciente du mal qu'elle fait, qui impose à des artistes faits pour être des créateurs l'humiliation d'être des copistes, qui a tué déjà les arts dans plusieurs pays, qui nous a infligé le plagiat de Pestum d'abord, le plagiat du moyen âge ensuite, et qui ne trouverait pas davantage un *mea culpa* quand elle nous aurait conduits tout doucement à faire nous aussi les glyptothèques ou les pynacothèques de Munich! Car tout lui agrée, à condition d'être le passé mort, tout hormis la vie et la sincérité dans l'art.

J'en aurais trop long à dire là-dessus, mais j'ai une conviction d'artiste bien faite à cet égard et que je résume d'un mot : L'Archéologie, voilà l'ennemi!

VI

Nos jurys ont aussi été critiqués. Ici je demande la permission de n'être pas du tout de l'avis des critiques. On peut résumer ainsi les modifications demandées de part ou d'autre : exclusion des professeurs — composition moins permanente et plus éclectique du jury.

Parlons d'abord des professeurs : aussi bien il y a là une insinuation véritablement répugnante et j'ai hâte de passer à autre chose. Viollet-le-Duc qui, membre de nos jurys d'école ne daigna jamais les honorer de sa présence, prétendait bien, dans un de ces articles haineux où il attaquait tout, que les trois professeurs des ateliers de l'École, maîtres du jury, se partageaient à tour de rôle les récompenses. Il faudrait que nous fussions terriblement forts pour que le jury, que nous ne composons pas, fût si à propos composé de trois malins et de vingt-sept imbéciles! Et cela, quand tous nos collègues de l'enseignement, plus nombreux, y sont avec nous. Laissons donc ces niaiseries odieuses entées sur les cancans d'élèves dépités, et ces défiances d'enfants. Dans toutes les écoles ce sont les professeurs qui jugent : allez donc proposer aux professeurs de l'École de médecine, par exemple, de se retirer comme indignes des jurys de concours! Et chez nous, dix professeurs environ — dont les intérêts seraient diamétralement opposés, s'il s'agissait ici d'intérêts, forment le tiers d'un jury de trente membres, et l'on a encore peur!

Je prétends quant à moi que leur présence y est nécessaire, parce que il s'agit ici de jugements qui sont encore de l'enseignement, parce que depuis deux mois que dure le concours, ils ont vu les difficultés du sujet, parce qu'enfin ils savent mieux que d'autres ce qu'on peut demander aux élèves; parce que, d'ailleurs, puisqu'ils y sont tous, toutes les idées sont ainsi représentées sans privilège et sans hypocrisie. Oui, jadis, quand il y avait à l'École quatre ou cinq professeurs dont deux ou trois avaient des ateliers, et quand ces professeurs nommaient eux-mêmes les membres du jury, il est arrivé qu'ils ont refusé les chefs d'autres ateliers. Alors il y avait injustice et combat à armes inégales. Rien de pareil est-il à craindre avec l'organisation actuelle?

Ai-je besoin d'ailleurs de rappeler que l'enseignement appartient à tous : est professeur qui veut, à la seule condition de trouver des élèves ; et à tous ceux qui critiquent si âprement nos divers enseignements, on est absolument en droit de dire : « Puisque vous êtes assez heureux pour détenir la vérité, pourquoi donc mettez-vous la lumière sous le boisseau, pourquoi n'ouvrez-vous pas d'atelier, pourquoi ne venez-vous pas dans nos concours nous donner des exemples et des leçons?

Quant au recrutement d'un jury ondoyant et divers, rien ne serait plus funeste aux études. N'oublions pas qu'il s'agit ici de juger non des concours publics, ni l'exposition du Salon, mais des exercices d'élèves, et que les jugements sont la plus haute expression de l'enseignement. Or, il faut de la fixité dans l'enseignement, ou bien il n'y a plus d'école. Il faut qu'il n'y ait pas des années de sécheresse et des années de pluie, que le jury ait une sorte d'échelle de proportion entre la valeur relative des concours et le nombre de récompenses qu'il décernera. Il faut enfin que les élèves ne soient pas déroutés par une migration annuelle du blanc au noir. Comment sera-ce possible si votre

jury est chaque année composé de nouveaux venus? Les élèves dira-t-
on doivent étudier pour s'instruire et non en vue des récompenses.
Phrases que cela! Dans toute école les élèves prendront toujours pour
boussole les arrêts de leurs juges : seront-ils mieux orientés si à la
boussole on substitue la girouette?

On a parlé aussi de l'introduction dans le jury de l'école gothique.
Je vous demande pardon, mais je ne comprends pas bien. Qu'est-ce
que l'école gothique? Serait-ce une arrière-garde très attardée de certains *jeunes* d'il y a cinquante ans, qui prétendrait enfermer les ori-
gines et les sources de notre architecture entre le xii² et le xv² siècle, et
nous astreindre aux formes, au style et jusqu'aux gargouilles de cette
époque? Mais alors, habillons-nous en figurants de la *Tour de Nesle*,
et conférons avec nos clients dans la langue du sire de Joinville; et
avant de réformer ce pauvre jury de l'École, accomplissons une révo-
lution moins modeste, réformons toutes les mœurs modernes, sup-
primons quatre siècles de notre histoire, et disons *nescio vos* à tout ce
que ces quatre siècles ont produit et préparé! Serait-ce au contraire
une école qui affirmerait qu'on doit étudier l'architecture du moyen
âge, comme celles des autres époques, non pour s'asservir à ses
formes et à ses modes, mais pour en dégager les vérités qu'il faut
chercher partout, en demandant aux architectures du passé non de
nous tenir la main, mais de nous ouvrir la pensée et de nous enrichir
d'expérience? Mais alors, j'en suis de cette école, mais nous en
sommes tous! Serait-ce donc enfin tout bonnement l'étiquette d'une
question de personnes? Je ne puis pas le croire, et c'est bien ce qui
me faisait vous dire que je n'ai sans doute pas suffisamment compris.

VII

A mon tour, Messieurs, je voudrais exprimer quelques regrets au
sujet d'une très grosse et très délicate question, celle des programmes.
Je n'ai pas besoin de dire quelle est dans notre école l'importance des
programmes. Selon que chacun sera bien ou mal donné, les études de
deux mois seront très fructueuses ou peu utiles; de plus, il faut qu'il
y ait une méthode dans la gradation des programmes. Tout cela est
très difficile, et je n'entends ici viser personne, et moins que tout
autre le maître à qui personne ne marchande son respect et qui a

doublement servi l'enseignement par sa parole et par l'exemple de ses œuvres. Mais il y a ici une lacune d'organisation.

D'abord, on oublie trop que nos concours, avant même d'être des concours, sont pour nos élèves le moyen de s'instruire : c'est là leur but et leur raison d'être, et s'ils n'étaient pas cela, s'ils n'étaient pas d'abord et avant tout des exercices d'étude, il faudrait trouver autre chose que des concours. Eh bien, on entoure trop le programme d'un secret jaloux, et sous prétexte de sincérité et de loyauté du concours, on place les élèves en face de surprises. Comment veut-on, même avec le programme le mieux rédigé, qu'un élève à qui rien ne fait préjuger le sujet à traiter, improvise en loge, sans documents d'aucune sorte, une composition sur des sujets comme un *Hôtel des monnaies*, un *Palais des archives nationales*, un *Hôtel de l'enregistrement et du timbre*, etc. Nous tous nous avons besoin, en présence d'un sujet nouveau pour nous, de définitions, d'explications, de la connaissance des précédents ; tout cela est interdit à nos élèves, à moins de leur demander ce qu'on n'oserait demander aux maîtres, d'être prêts sur tout. Je voudrais donc que quelques jours avant le concours ils fussent avisés du sujet qu'ils auront à traiter, que des explications complètes leur fussent données, qu'ils pussent en un mot étudier la question qu'ils auront à traiter. On objectera qu'alors tous feront la même chose : non ; car il suffit de réserver pour le matin de l'esquisse la détermination du terrain à employer pour rendre impossible l'adaptation de plans faits à l'avance, et sauvegarder ainsi la sincérité du concours.

Nous voudrions tous aussi plus de variété dans les programmes qui nous reviennent périodiquement comme d'anciennes connaissances, et sans différences suffisantes entre ceux de la seconde et de la première classe ; je pourrais citer tel ou tel programme qui a été donné dans les deux classes, tel programme donné en seconde classe plus difficile que tel autre donné dans la première. Pour moi, je voudrais qu'en seconde classe les programmes de projets fussent d'une composition facile et plutôt des occasions *d'étude* que de recherches de partis et de disposition, et au contraire que ceux des concours sur esquisses fussent des programmes de composition. Là, en effet, une erreur de l'élève est sans conséquence et ne l'attelle pas pendant deux mois à une conception qui n'est pas née viable, et ces essais de grande composition le prépareraient aux exercices de la première classe. Or, c'est l'inverse qui a lieu.

Enfin nous avons, à force de persévérance, fait instituer une nature de concours destinés au début de la seconde classe ; nous appelons ces concours : *Éléments analytiques de l'architecture*. Ce titre dit assez ce qu'ils devraient être. Nous étions frappés de ce fait que l'élève qui vient de passer l'examen d'admission se trouve du jour au lendemain aux prises avec la composition, avant d'avoir réellement étudié les éléments organiques, pour ainsi dire, de toute composition. Ainsi, un jour, immédiatement après la réception des aspirants, le programme de la seconde classe se trouvait être *un Panthéon ;* une autre fois, *une Salle des séances de la Chambre des députés.* Que voulez-vous que fassent alors élèves et professeurs? Mais malheureusement, je dois le dire, les programmes *d'éléments analytiques* n'ont pas été donnés d'après l'esprit qui avait présidé à cette excellente innovation, qui jusqu'ici n'a pu, par cette raison, produire ses fruits.

VIII

Ceci m'amène d'ailleurs à vous parler d'un sujet plus délicat encore, je veux dire du *Cours de théorie de l'architecture.* Je vais vous paraître bien hardi, Messieurs, en venant dire que je ne comprendrais pas ce cours comme il est compris par l'artiste éminent qui le professe; mais, je vous l'ai dit, ce sont mes idées que j'expose.

Le principe très libéral et l'originalité de l'École des Beaux-Arts, c'est de n'enseigner en chaire que des vérités scientifiques indiscutables, laissant au libre arbitre de l'élève le choix du maître qui le guidera de ses conseils dans les choses du goût et de la conscience artistique. A la chaire, la science acquise; à l'atelier, la recherche de l'art, tel est le partage. Seul un cours dit de théorie de l'architecture risque d'être en contradiction avec cette organisation si libérale, surtout si un professeur très convaincu lui imprime un caractère autoritaire et va jusqu'à formuler des règles invariables et des préceptes absolus d'application. C'est ainsi que dans les concours qui suivent plus directement ce cours, nous voyons des programmes rédigés avec l'inflexibilité d'une prescription dicter aux élèves jusqu'aux moindres détails de ce qu'ils feront, et ne comporter qu'une solution unique. C'est l'expropriation du droit de tous à l'enseignement, la suppression du conseil pour le maître et de la recherche pour l'élève. Une fois, sur un de ces programmes, les élèves d'un atelier s'entendirent pour exposer des *autographies* du tracé fait par l'un d'eux d'après les données impérieuses d'un de ces programmes où tout est dicté. La plaisanterie n'était pas des plus respectueuses, mais il faut bien avouer qu'elle ne faisait que souligner malicieusement la tendance d'un cours qui aboutit à un Code. Ce cours, d'ailleurs, s'enferme uniquement dans le cercle étroit des ordres antiques, et est loin par conséquent d'embrasser d'ensemble la théorie de l'architecture.

Pour moi, le vrai nom et surtout — car le nom importe peu — la vraie destination de ce cours, ce devrait être l'étude de l'*architecture comparée*. Si je n'accepte pas une théorie officielle de l'architecture, fût-ce seulement un module obligatoire, je trouverais au contraire utile, précieux même, qu'un homme instruit pût venir enseigner aux élèves comment tel programme général — l'habitation par exemple — a été compris aux diverses époques de l'architecture, et comment aujourd'hui même il est compris dans les divers pays civilisés. Mais là s'arrêterait sa mission, déjà immense, et il devrait s'abstenir de conclure et de dire : Voilà comment vous devez résoudre le problème de l'habitation ; de même que dans un programme d'habitation, par exemple, il devrait dire aux élèves quelles seront les exigences à contenter, mais non les formes ou les solutions à employer. Ceci devient le rôle du maître choisi. Si celui-là fourvoie ses élèves, ou plus simplement s'il y a désaccord, le remède est bien facile : l'atelier d'à côté est ouvert.

IX

Vous le voyez, Messieurs, si j'aime notre École, même avec passion, je ne méconnais pas cependant qu'il puisse y être fait quelque chose. Mais où l'on est bien injuste, c'est quand on réclame ce quelque chose des professeurs qui n'en peuvent mais. Nous avons, vous le savez, un Conseil supérieur où se trouvent bien quelques professeurs, mais très en minorité. Je crois même que c'est la seule école où il en soit ainsi, tandis que pour la plupart il n'y a pas d'autre conseil que celui des professeurs. Serait-ce donc trop demander que notre Conseil supérieur fût au moins composé en majorité d'hommes d'enseignement ? Il compte d'illustres artistes, mais l'expérience pédagogique est une expérience *sui generis*. Je trouve excellent, d'ailleurs, qu'il s'y rencontre des savants et des philosophes de premier ordre ; je demande seulement une part plus grande faite à l'enseignement. On est déjà entré dans cette voie, car au début il ne s'y trouvait pas un seul professeur ; mais par contre beaucoup d'amateurs et des dilettanti, y compris ce bon Théophile Gautier qui, je crois, n'y a pas remis les pieds depuis que ce dangereux honneur lui valut le désagrément d'être fourré au poste par un sergent de ville de trente-cinq ans en retard. Voyez pourtant à quelles fantaisies peut parfois se trouver exposée une école comme la nôtre : c'était en 1863, un maréchal de France était alors ministre des Beaux-Arts. Ce vieux guerrier envoya au Conseil supérieur de l'École des Beaux-Arts — par distraction peut-être — un autre vieux guerrier, à qui la retraite faisait des loisirs. Au cours de la campagne de résistance et de salut alors entreprise par les élèves, et lorsque nous frappions à toutes les portes, j'allai un jour voir le vieux guerrier qui, tout en me déclarant qu'il ne savait pas trop pourquoi diable on l'avait mis là, me reçut à merveille, m'écoutant avec la curiosité qu'éveille l'inconnu, me retenant, provoquant lui-même des explications sur ces choses absolument nouvelles. Après quoi, comme conclusion de l'entretien, il m'adressa cette question : « Mais enfin, Monsieur, pourquoi donc est-ce à l'École des Beaux-Arts qu'on apprend l'architecture??... » Ce que je lui répondis, je ne m'en souviens pas, mais je me rappelle bien que je ne pus réussir à triompher de sa stupéfaction !

Il n'y avait, je dois le dire, qu'un général dans le Conseil ; mais enfin s'il y en avait eu plusieurs, ou s'il n'y avait eu que des généraux ?

Entre autres attributions, le Conseil supérieur présente des candidats pour les places vacantes de professeurs, et ces présentations équivalent presque à des nominations définitives. Eh bien, je voudrais ici me faire l'écho d'un vœu que je crois très général : c'est que, lors des vacances à venir, tous les professeurs se recrutent désormais parmi les artistes. Je ne veux certes médire en aucune façon des cours que des savants font chez nous avec autant de zèle que de talent ; la question est tout autre, elle est à mon avis une question de dignité professionnelle. Soyez certains qu'on trouvera parmi vous des hommes absolument capables d'enseigner les mathématiques, la géométrie descriptive, etc., et je dis que les trouvant, on a le devoir de les choisir. D'ailleurs, même sur ces sujets, un artiste enseignant à des artistes, sera mieux compris, et s'il ne vaut pas mieux qu'un autre comme professeur, ses auditeurs vaudront mieux comme élèves, car ils saisiront mieux son langage et lui accorderont plus de sympathie et de confiance. Voyez comme les études de perspective et de construction se sont subitement élevées chez nous, depuis que ces cours sont confiés à des artistes d'une valeur incontestable. Je ne veux du reste, à l'appui de cette opinion, que l'exemple de ce qui se passe à l'École polytechnique et à l'École des ponts et chaussées. Dans ces deux écoles, il y a des cours d'architecture : va-t-on chercher pour les professer des architectes sortant de l'École des Beaux-Arts? Non, on prend des professeurs issus de ces écoles elles-mêmes, et on fait bien. Faisons de même chez nous.

X

Je vous ai exposé, Messieurs, mes quelques desiderata; en somme, tout cela serait bien facile à régler, ce sont presque uniquement des questions d'application, et pour donner satisfaction à ces propositions si elles paraissaient fondées, il n'y aurait rien à bousculer, pas de décrets à provoquer, pas même de ratures à faire aux règlements. Des ateliers à ouvrir, telle serait la seule décision à prendre, le reste pouvant se faire petit à petit sans rien modifier à notre organisation, qui est bonne, et qu'il suffirait de mieux appliquer à quelques égards. Choses faciles si l'on veut.

Mais il y en a une autre, qui est plus difficile à dire, difficile aussi à espérer, je le crains (quoique d'une exécution absolument facile si on le voulait bien), et qui pourtant serait la plus importante de toutes, si bien qu'à choisir entre tout ce que je viens de vous dire — et cela — c'est cela que je choisirais. C'est, Messieurs, le rétablissement d'une limite d'âge pour l'enseignement. Je vous le dis, parce que je ne veux pas de réticences, et bien que cette déclaration me soit pénible à faire; je ne fais d'ailleurs aucune allusion, je ne marchande aucun respect, je ne demande aucun déni de reconnaissance. Mais sur cette question je ne puis être suspect, et si je vous demande la permission de ne pas insister, je vous affirme d'autre part qu'il y a nécessité, et que cela seul, appliqué à l'enseignement et aux jugements — cette autre forme de l'enseignement — suffirait pour qu'on pût attendre tout le reste d'un peu de temps et du concours effectif des bonnes volontés.

XI

Cette rapide revue de nos moyens d'instruction serait incomplète si je ne vous disais quelques mots du couronnement de l'édifice, l'*Académie de France à Rome*. Mon opinion est bien nette : si cette Académie n'existait pas, il faudrait l'inventer !

Dernier échelon des études, elle est en même temps l'École normale de l'enseignement, à qui nous avons dû les plus hardis aussi bien que les plus prudents de nos maîtres. C'est là, c'est dans l'indépendance des études personnelles et réfléchies que se sont formés ces professeurs très divers, qui ont à leur tour formé les générations actuelles d'architectes, et qui personnifient les sources des deux grands courants contemporains de notre art, Percier, Huyot, Achille Leclère, Gilbert, Blouet, Duban, Labrouste, Vaudoyer, Constant Dufeux, Baltard — je ne parle pas des vivants — et chose singulière, celui dont l'enseignement a été le plus visé par les adversaires de l'École, Hippolyte Lebas seul n'en sortait pas.

C'est que rien ne prépare à l'enseignement comme le régime de liberté d'études et la vie en commun avec d'autres artistes, élargissant les notions acquises et les étendant à toutes les branches des arts. Le lauréat part de Paris élève de quelqu'un, il revient, formé et personnel, de cette retraite passée loin de la mode, loin des querelles du jour, loin des sentiers battus ou des entraînements éphémères des foules, dans le seul commerce des chefs-d'œuvre et de la vérité qui se dégage si étonnamment une de vingt siècles d'art.

Comment cette institution nationale entre toutes est-elle si mal connue ? C'est probablement l'habitude qu'on a prise de dire à tort l'*École de Rome* qui a faussé les idées. Rien ne ressemble moins à une *école* que la villa Médicis. Permettez-moi à ce sujet un souvenir personnel. Peu de temps après mon arrivée à Rome, très ardent à l'étude, très séduit par tant de révélations, très amoureux de l'antique comme du moderne, bien décidé à courtiser la brune et la blonde, mais soucieux de mettre un peu d'ordre et de logique dans mes explorations, j'eus la faiblesse d'écrire au maître dont les conseils étaient devenus pour moi la règle sûre et le pain quotidien de mes études. Je ne tardai pas à recevoir la réponse attendue : hélas ! elle était spirituelle et

charmante, cette lettre, mais elle m'adressait tout si nplement à Lafontaine, livre IV, fable 22, et là je lisais :

« Ne t'attends qu'à toi seul, c'est un commun proverbe. »

Je me le tins pour dit, et ne demandai plus de conseils qu'à des
maîtres nés avant Lafontaine.

Mais je ne veux ici ni faire l'apologie de l'Académie de France à
Rome, ni réfuter ses détracteurs, ni emprunter à mon tour au fabu-
liste l'apologue des raisins trop verts. Ce que je tiens à dire, parce que
ceci rentre tout à fait dans mon sujet, c'est l'immense utilité de cette
institution pour les artistes qui n'arrivent pas à en être pensionnaires.
Cela peut sembler paradoxal, la démonstration en est pourtant facile.

Je mets en fait que, l'Académie de Rome disparue, le niveau des
études d'art baisserait immédiatement de cent pour cent, et que notre
supériorité artistique française serait gravement compromise. Chaque
année, en effet, il y a un lauréat, mais il y a aussi des rivaux presque
égaux ; il y a une seconde génération, puis une autre, une autre encore
qui se préparent à cette grande lutte, et qui, pour arriver forts dans
ces concours, deviennent véritablement forts dans leur art. Quiconque
dans notre École a quelque peu le diable au corps vise avec ardeur,
avec passion au grand prix : tous ne l'obtiendront pas, mais tous pro-
fitent des efforts intenses qu'ils font pour l'obtenir.

C'est que notre École a cette bonne fortune, de pouvoir proposer à
la noble ambition de ses élèves un couronnement unique, dont le
prestige est immense pour de jeunes imaginations, et subsiste entier
en dépit des railleries envieuses et des défaillances conseillées. Pour
presque tous, ç'aura été une chimère, un rêve ; pour tous, ç'aura été
un magnifique stimulant d'efforts, un *sursum corda* qui dote notre
École du ressort le plus puissant qui soit : l'enthousiasme !

C'est une banalité de dire que, dans toute école, — comme dans
toute réunion d'hommes, — le niveau général s'élève ou s'abaisse suivant la valeur de l'élite. Supprimez le grand prix, gardez seulement
ces récompenses scolaires qui sont la monnaie courante des études
simplement consciencieuses, l'école aura toujours une élite relative,
mais une élite contente de peu, contente de moins en tous cas : adieu
alors au rêve, au délire de la lutte, à la passion de la supériorité !

Sachons donc respecter cette institution nécessaire, chef de voûte
de notre enseignement artistique. Suivons les exemples patriotiques
que nous offre l'histoire : alors que la guerre fermait l'Italie aux Fran-
çais, que le grand prix ne pouvait momentanément avoir qu'une valeur honorifique, les gouvernements républicains, Convention et Di-
rectoire, réservant à des temps meilleurs le fonctionnement pratique
de l'Académie, voulurent affirmer quand même cette institution,
comme ils affirmaient indivisible la France attaquée, comme on affirme

un principe qu'on refuse de laisser entamer par une prescription subie, mais non acceptée. Ces souvenirs républicains me paraissent utiles à rappeler aujourd'hui !

XII

Je termine, Messieurs. Si j'ai su me faire comprendre, j'ose espérer que vous ne croirez pas que notre enseignement soit impuissant ni épuisé. Nous avons, au contraire, des instruments excellents, une organisation libérale et admirablement souple : il faut seulement pourvoir aux besoins grandissants de l'instruction, — c'est la question qui se pose partout; — mais compléter n'est pas détruire. J'espère avoir montré qu'il y a là une question véritablement nationale, digne de la sollicitude de l'État.

La Convention, que j'aime à citer, a bien compris que la suppression des corporations avait pour corollaire inévitable la dévolution à l'État du devoir d'enseigner. C'est d'ailleurs le principe général aujourd'hui : l'État se charge de l'enseignement partout où il y va d'un intérêt public général; il enseigne non seulement les lettres et les sciences dans leur ensemble, mais il nous prépare des médecins, des jurisconsultes, des industriels, des agriculteurs, des ingénieurs, des militaires; demandons-lui donc avec confiance d'assurer l'instruction à tous les degrés du personnel d'architectes qui a charge de conserver et qui ne doit pas risquer de compromettre la richesse immobilière du pays.

Et de notre côté, usons de persuasion dans la mesure de nos moyens, faisons, nous aussi, notre ligue pour l'enseignement. Aux maîtres capables d'enseigner demandons de ne pas s'abstenir. A défaut de l'enseignement pratique, qu'ils suivent du moins notre École, qu'ils encouragent élèves et professeurs, qu'ils sachent bien que, si la troupe de ces professeurs est vaillante et dévouée, elle est trop peu nombreuse et a besoin d'appui, au moins moral. Je n'ai jamais vu ni Duc ni Vaudoyer ni Lefuel dans nos jugements de concours. — A de tels hommes, n'avons-nous pas le droit de dire : Ne soyez pas les célibataires de votre art !

A ceux qui n'épargnent pas les critiques à notre École, et qui, sans doute, ne veulent si bien la châtier que par excès d'a nour, répétons que, seule peut-être au monde, l'École des Beaux-Arts est assez libérale pour admettre tous les enseignements; que nul sermon ne vaut un exemple; que le mouvement se démontre en marchant, et que la plus éloquente critique qu'on pût faire de nos enseignements, déjà très divers, ce serait d'éclairer nos concours et nos expositions de l'aurore d'un enseignement nouveau. Nous serons heureux de cette émulation, et si cette révélation doit être un triomphe, n'ayez crainte, un mouvement irrésistible d'opinion surgira pour nous crier : *Vera incessu patuit Dea!*

Et répétons aussi partout et à toute occasion, aux particuliers comme aux administrations, que l'architecture est une profession qui exige de longues et sérieuses études, que rien n'est dangereux et coûteux comme l'ignorance, qu'il existe une École de premier ordre où se forment les architectes, et que mieux vaut confier ses intérêts à qui s'est instruit de son métier que de les abandonner à qui n'a pas su l'apprendre.

FIN

Paris. — Imp. C. Marpon et E. Flammarion, rue Racine, 26.